AF396261

Commandant Edgar Servant

EN RETRAITE

Le Bataillon de Marche du 19ᵉ
à la
Deuxième Armée de la Loire

22 Novembre 1870 — 22 Mars 1871

*Simple Récit
pour les premiers soldats
de la Loi de Deux Ans.*

LAVAL

Imprimerie-Librairie Vᵉ A. GOUPIL

1905

Le Bataillon de Marche du 19ᵉ

à la

Deuxième Armée de la Loire

Tirage a deux cent deux exemplaires.

Savoir :

2 exemplaires sur papier du Japon. Nos 1 et 2.
200 exemplaires sur papier vélin. . .   — 3 à 202.

———————

No

Commandant Edgar Servant

En Retraite

Le Bataillon de Marche du 19ᵉ

à la

Deuxième Armée de la Loire

22 Novembre 1870 — 22 Mars 1871

*Simple Récit
pour les premiers soldats
de la Loi de Deux Ans.*

LAVAL

Imprimerie-Librairie Vᵉ A. GOUPIL

1905

A Monsieur le Général PARIS

Ancien Colonel du 19ᵉ de Ligne.

Respectueux Hommage.

E. S.

Le Bataillon de Marche du 19ᵉ

à la

Deuxième Armée de la Loire

I

La guerre qui mit aux prises, en 1870, la Prusse et la France, était prévue depuis 1866. Elle fut officiellement déclarée par la France le 19 juillet. A cette date, le 19ᵉ régiment d'infanterie de ligne tenait garnison à Paris et à Alençon. Pendant que les bataillons actifs, dirigés dès l'ouverture des hostilités sur l'armée du Rhin, étaient bloqués dans Metz, le Dépôt expédiait à Paris quatre compagnies qui ont formé le noyau du 100ᵉ de Marche, puis se transportait successivement d'Alençon à Rennes et de Rennes à Laval où il était installé le 7 octobre 1870, sous les ordres du commandant Guillain, major du régiment.

3

Pour activer autant que possible la formation des compagnies dites de marche on créa d'abord deux compagnies-mères qui prirent la dénomination de 1er et 2e provisoires. Ces compagnies recevaient les hommes le jour même de leur incorporation, les habillaient, les équipaient, les armaient. Puis, au fur et à mesure que de nouveaux hommes se présentaient, la formation d'une compagnie de marche avait lieu à l'effectif de deux cent cinquante hommes. Ces hommes étaient : ou des retardataires de la classe 1869, ou des jeunes soldats de la classe 1870 du contingent de l'Orne, ou des engagés volontaires de tout âge, originaires du département de la Seine-Inférieure.

Les cadres, composés d'anciens sous-officiers et soldats appartenant au corps ou rappelés par la loi du 10 août, étaient complétés avec quelques nouveaux arrivés que leur instruction et leurs aptitudes appelaient à rendre des services comme comptables.

Les quatre compagnies formées les premières furent, durant le mois d'octobre et la première quinzaine de novembre, dirigées sur les régiments de marche groupés autour d'Orléans sous les ordres du général d'Aurelles de Paladines et font encore partie intégrante de ces régiments.

Celles qui furent formées ensuite prirent les n°s 5, 6, 7 et 8, et furent bientôt réunies en un seul détachement qui, par organisation en date du 30 décembre 1870, devint le Bataillon de Marche du 19ᵉ.

II

C'est le 22 novembre que le détachement fort de 1047 hommes quitta Laval, se rendant au camp de Conlie (Sarthe) où l'appelait par dépêche télégraphique le général de Kératry, organisateur du camp et commandant en chef des troupes réunies sous la dénomination de « Forces de Bretagne ».

Le lendemain 23 se passa en distributions de vivres de campagne de toute nature. Le 24, on sonna la diane à 3 heures du matin et le Bataillon, après avoir levé le camp, se dirigea vers la gare du chemin de fer située à environ trois kilomètres. Les hommes reçurent chacun neuf paquets de cartouches avant de monter en wagon.

Par suite de retards impossibles à éviter dans la formation des trains, le départ ne put avoir lieu qu'à midi pour Le Mans où l'on arriva vers quatre heures et dont on traversa rapidement les faubourgs pour se rendre à six kilomètres en avant d'Yvré-l'Évêque où le général de Kératry avait résolu de concentrer ses troupes.

Dans la matinée du 25, le Bataillon reçut son emplacement d'une façon définitive et établit son camp à l'abri des magnifiques bois de sapins qui bordent de chaque côté la grande route ralliant le bourg d'Yvré à la gare du chemin de fer.

Le samedi 26, le général de Kératry, pour éprouver les troupes placées sous son commandement, fit opérer une reconnaissance sur Bouloire, situé à quinze kilomètres d'Yvré. Les ordres donnés précipitamment ne permettant pas de distribuer les vivres touchés le matin, nos hommes firent à jeun, mais sans faire entendre aucune plainte, cette marche qui dura toute la journée.

Partie à neuf heures, la colonne forte d'environ 15.000 hommes rentrait au camp à sept heures du soir : elle avait été éclairée dans sa marche par le Bataillon déployé en tirailleurs à droite et à gauche de la route.

A partir de ce jour, le froid devint de plus en plus vif ; quelques hommes incapables de supporter les fatigues de la vie du camp durent être dirigés d'urgence sur l'ambulance de la marine, établie au bourg d'Yvré.

Le 30, le Bataillon leva le camp pour s'établir à trois cents mètres en avant, sur le sommet du plateau dominant la route d'Yvré-l'Évêque à Saint-Calais et la voie ferrée du Mans à Paris.

Mentionnons ici la démission du général de Kératry et son remplacement à la tête des forces de Bretagne par le capitaine de frégate Gougeard, nommé par la Délégation de Tours général de brigade au titre auxiliaire.

III

La deuxième armée de la Loire s'organisait rapidement. Le détachement du 19ᵉ — qui prit dès lors le nom de Bataillon de Marche — forma, avec le 1ᵉʳ bataillon des Mobilisés de la Loire-Inférieure, la 3ᵉ brigade (colonel Lebrun) de la division de Bretagne, 4ᵉ du XXIᵉ corps d'armée (général Jaurès).

Le départ du camp d'Yvré eut lieu le 4 décembre ; les vivres touchés pour quatre jours avaient été distribués aux hommes le matin même. Après une étape assez courte on campa à Ardenay d'où l'on repartit le lendemain pour aller prendre position, après une marche de toute la journée et de plus de trente kilomètres, sur les hauteurs de Montaillé, à l'ouest de Saint-Calais que l'ennemi avait évacué à notre approche.

Le 6, on dépassa la ville de quelques kilomètres seulement, le général Gougeard préférant donner un peu de repos à ses troupes déjà fatiguées par une marche pénible sur des routes coupées de place en place et rendues très difficiles par une forte gelée qui durait depuis plusieurs jours.

Le 7 au matin on entendit le canon dans la direction de Vendôme ; la colonne reprit sa marche et, passant par Epuisay (Loir-et-Cher), alla camper en avant du bourg de la Ville-aux-Clercs où l'on resta deux jours dans l'attente de nouveaux ordres ; la neige tombait toujours.

Le 9, on marcha encore toute la journée et l'on atteignit dans la soirée les hauteurs de Fréteval. Le quartier général fut établi dans une ferme appelée La Guillardière ; le Bataillon fournit la garde et campa autour de la ferme.

Le 11, on alla coucher à quinze kilomètres en avant, au bourg de Moisy, où nos soldats trouvant les maisons abandonnées par les habitants que l'annonce seule des Prussiens avait dispersés, purent s'abriter contre la neige qui n'avait pas cessé de tomber pendant toute la marche. Les hommes commençaient à manquer de beaucoup de choses ; la chaussure surtout allait leur faire complètement défaut. Les vivres n'étaient touchés et distribués que très irrégulièrement : quant au tabac, il avait été impossible de s'en procurer depuis le départ de Laval.

IV

Le lendemain 12, la division se transporta de Moisy à Ecoman d'où elle repartit le 13 à huit heures du matin. Au moment même où le Bataillon qui formait l'arrière-garde de la colonne dépassait les dernières maisons, on apercevait à l'entrée du bourg les casques des éclaireurs prussiens qui très probablement venaient prendre de force ce que des Français affolés par la peur avaient refusé, non pas de donner, mais de vendre à nos soldats. Disons-le du reste pour être vrai : partout sur notre passage nous ne rencontrions chez l'habitant qu'égoïsme et mauvaise volonté ; une femme entre autres refusa de vendre à un capitaine du Bataillon un poulet, dont celui-ci offrait douze francs, sous prétexte qu'elle serait en butte aux mauvais traitements des Prussiens, si elle n'avait rien à leur donner lorsqu'ils reviendraient en réquisition.

A neuf heures du matin on traversa le bourg de Morée où quelques cavaliers ennemis avaient été signalés la veille. On dépassa ensuite Saint-Hilaire-la-Gravelle pour aller établir le camp sur le côté ouest de la route de Vendôme d'où l'on n'était plus éloigné que de treize kilomètres. On resta au camp le 14.

Le 15, dans la matinée, le combat s'engagea assez vivement dans le bourg de Morée et en même temps sur les hauteurs de Fréteval qui furent deux fois prises et reprises par les fusiliers-marins. Le Bataillon espéra un moment être appelé à entrer en ligne, mais le colonel Lebrun, ne recevant aucun ordre, ne crut pas devoir prendre sur lui de se porter en avant ; le feu cessa peu à peu et jusqu'au lendemain il n'y eut rien à signaler.

Le 16, dans l'après-midi, de fâcheuses nouvelles arri-

vèrent au quartier-général établi au château de Rouge-
mont : Vendôme avait été pris par les Prussiens,
maîtres de tout le pays environnant, et la division
de Bretagne recevait l'ordre de battre en retraite le
soir-même sur Cloyes et Vibraye. Le Bataillon prit la
queue de la colonne.

A Cloyes (Eure-et-Loir) où l'on était à minuit, une
pluie torrentielle et glacée se mit à tomber et détériora
complètement les vivres touchés pour quatre jours et
portés sur le sac, ce qui engagea plusieurs hommes à
les jeter et même à abandonner leur sac devenu trop
lourd. Pour la première fois un certain désordre se mit
dans nos rangs ; nos hommes n'avançaient plus qu'avec
peine dans la neige changée en boue par la pluie ; à
chaque pas quelques-uns tombaient exténués dans les
fossés, d'autres s'arrêtaient découragés, ne sachant quand
ils pourraient rejoindre ; d'autres enfin abandonnaient la
colonne pour se réfugier dans les pauvres fermes, assez
rares du reste, que nous trouvions sur notre passage.

V

Le 17, à sept heures du matin, on arrivait au bourg
de Droué où un repos de deux heures était prescrit par
le général. Les faisceaux furent formés par le Bataillon
sur la grande place du village et les hommes eurent la

permission d'entrer dans les auberges pour se réconforter. A neuf heures la colonne reprenait sa marche; le convoi solidement escorté passait le premier.

Le Bataillon qui formait toujours l'arrière-garde et protégeait l'artillerie, défilait par un chemin de traverse rejoignant la grand'route lorsque tout à coup une vive fusillade éclata dans toutes les directions à la fois, et la place se trouva couverte de soldats ennemis appartenant moitié à la cavalerie, moitié à l'infanterie de la Landwehr. Le Bataillon fit immédiatement demi-tour et la lutte s'engagea.

Mais, l'ennemi avait sur nous l'avantage de la position. Pendant qu'une moitié du bataillon livrait combat sur la place, l'autre, sur l'ordre du chef d'état-major de la colonne, tournait le village et prenait position sur le flanc droit de l'ennemi. Les mitrailleuses mises en batterie nous aidèrent en envoyant deux ou trois décharges, mais les Prussiens, certainement mieux renseignés que nous, surent bientôt nous échapper.

L'affaire avait duré une heure à peine; l'ennemi désertait le combat, abandonnant sur la place de nombreux morts et blessés et vingt et un prisonniers au nombre desquels se trouvaient deux officiers.

De notre côté, les pertes également sensibles, s'élevaient à une centaines d'hommes tués et blessés; un commandant et un aumônier étaient tombés mortellement frappés ; le Bataillon avait six hommes tués et une douzaine de blessés.

Nous devons ici rectifier une idée qui avait pris parmi nos troupes une certaine consistance. On a cru long-temps et beaucoup croient encore que les Prussiens étaient cachés dans les maisons, sous les yeux mêmes des propriétaires, longtemps avant notre arrivée. C'est là une erreur très grande ; toutefois les habitants auraient dû nous seconder mieux qu'ils ne l'ont fait en nous signalant la présence de l'ennemi qui, paraît-il, était venu la veille réquisitionner de tous les boulangers du pain qu'il devait venir prendre le lendemain matin. Ce pain, acheté et payé par le général Gougeard, fut distribué aux troupes séance tenante.

Quelques coups de feu tirés sur notre arrière-garde dans l'après-midi, au village de la Fontenelle, n'empê-chèrent pas la colonne de continuer sa marche vers Saint-Agil où l'on campa le soir et d'où l'on repartit le 18 de grand matin pour marcher encore tout le jour, et aller coucher à Lavaré (Sarthe), en avant de Vibraye, bourg assez important et très riche mais déjà pillé par les Prussiens.

VI

Le général Chanzy ordonna alors à toutes les troupes de se concentrer de nouveau autour du Mans. Le Bataillon rentra par Thorigné, Connerré et Saint-Mars-la-Brière, et reprit, dans la nuit du 20 au 21, ses anciennes positions au camp d'Yvré. L'effectif était alors réduit à 720 hommes. Les trop grandes fatigues, le froid excessif, la maladie, avaient contraint beaucoup d'hommes à rester en arrière ; quelques-uns tombèrent ainsi entre les mains de l'ennemi.

Le lendemain, le Bataillon établit son camp sur les buttes de la Croix, en arrière d'Yvré.

Par ordre du général Jaurès en date du 30 décembre, le Bataillon qui avait reçu du dépôt un renfort de cinquante-six hommes, fut reformé à six compagnies. Des nominations et promotions furent faites au titre provisoire ; le capitaine Cavaillié, évadé de Metz, précédemment attaché à l'état-major de la division, prit le commandement du Bataillon qui constituait désormais, avec les deux bataillons des mobiles de la Mayenne, la 3ᵉ demi-brigade (lieutenant-colonel Riffaut) de la 2ᵉ brigade (colonel de Pineau) de la 4ᵉ division du XXIᵉ corps d'armée.

Le 28 décembre, le Bataillon fut envoyé en grand-garde à la Belle-Inutile, à la jonction des routes de Connerré et de Thorigné ; le 36ᵉ de marche nous releva le lendemain.

Au camp, les jours suivants furent employés à réorganiser. Les communications avec le dépôt de Laval n'étant pas encore interceptées, nos hommes purent recevoir en quantité suffisante les effets d'habillement, d'équipement, de linge et chaussure et aussi le matériel de campement dont ils manquaient presque totalement.

VII

Le samedi 7 janvier 1871, le Bataillon reçut l'ordre de marcher en avant et de se mettre à la disposition du général Rousseau (1re division du XXIe corps) qui, s'étant porté à la rencontre de l'ennemi signalé près de Nogent-le-Rotrou (Eure-et-Loir) avait dû, pressé par des forces supérieures, se rabattre sur l'armée par Connerré et Montfort.

On prit position à la Belle-Inutile vers 10 heures du soir; deux compagnies (3e et 4e) surveillèrent en avant la route du Breil. La nuit et la journée du lendemain furent calmes; dans la soirée du 8, le Bataillon se dirigea sur Connerré et campa à l'entrée du bourg.

Le 9 au matin, la neige recommença à tomber plus épaisse encore que les jours précédents : à midi, le Bataillon se mit en marche, traversa sans s'arrêter Connerré où l'on abandonna les malades et les bagages, se porta dans la direction du canon, et arrivé au hameau de Touche-de-Veaux, composé seulement de quelques tuileries, prit position dans les champs en bordure de la route. La neige tombait toujours ; deux heures après, nous nous trouvions isolés au centre de cinq ou six engagements : on se battait en même temps à Thorigné, au Breil, à Saint-Mars-la-Brière, à la Belle-Inutile où toute la division était accourue le matin. Le feu ne cessa qu'avec le jour.

Vers 10 heures du soir, deux compagnies de fusiliers marins de la division Rousseau, envoyées en reconnaissance à Thorigné d'où l'on supposait les Prussiens partis, s'adjoignirent en passant la 3ᵉ compagnie du Bataillon. Les cinq autres compagnies abritées par les tuileries crénelées à la hâte, surveillaient les mouvements de l'ennemi dont l'on apercevait les feux de bivouac dans toutes les directions.

Après avoir marché deux kilomètres, la reconnaissance, commandée par un lieutenant de vaisseau, allait entrer dans le bourg à la baïonnette, lorsqu'une décharge bien nourrie, prouvant que l'ennemi en était encore maître et qu'il était en forces, l'obligea à s'arrêter. Les marins qui tenaient la tête ripostèrent vivement et le combat s'engagea.

Après une demi-heure environ d'une fusillade sans résultat, le lieutenant de vaisseau donna l'ordre de la retraite vers Touche-de-Veaux : les marins avaient une douzaine d'hommes hors de combat, la compagnie du 19ᵉ comptait un homme tué et quatre blessés. La

neige n'avait pas cessé de tomber un seul instant pendant toute la journée et rendait tout nouveau mouve-
ment impossible.

VIII

A une heure du matin, le général Rousseau fit dire au
Bataillon de le rallier à Montfort. La colonne composée
des fusiliers marins, du Bataillon et d'une compagnie de
francs-tireurs de Fontainebleau qui nous avaient rejoints
dans la soirée, traversa Connerré et atteignit Montfort
à six heures du matin.

Le Bataillon en repartit aussitôt pour rejoindre la
division de Bretagne, mais en route, le général Jaurés
nous désigna pour occuper le plateau de Bouré, situé
en avant de Champagné et Saint-Mars-la-Brière.

Nous prîmes position à deux heures de l'après-midi :
quatre compagnies s'établirent dans une filature aban-
donnée pour surveiller la petite rivière de l'Huisne; les
deux autres (3e et 4e) furent déployées en tirailleurs sur
le haut du plateau. Le canon grondait toujours : nos
hommes étendus sur la neige passèrent la soirée et la
nuit sans prendre aucune nourriture.

Le lendemain 11, dans la matinée, le général de
Cathelineau vint examiner nos positions.

Vers quatre heures du soir, les Prussiens que l'on

avait vu très distinctement toute la journée se mouvoir sur la voie du chemin de fer et essayer en plusieurs points de passer la rivière, s'approchèrent à moins de quatre cents mètres, et protégés par un bouquet de bois, ouvrirent le feu sur nous. La 1re section de la 3e compagnie placée en première ligne répondit aussitôt et fut bientôt soutenue par la 2e compagnie accourue de la filature aux premiers coups de feu. La nuit vint faire cesser le feu, mais nos hommes, dont trois avaient été blessés, durent, pour éviter une nouvelle surprise de la part de l'ennemi, passer encore la nuit dans la neige.

Le 12, vers neuf heures, le Bataillon se mit en marche pour rallier la division le plus vite possible : celle-ci, après avoir repoussé la veille les attaques d'un ennemi bien supérieur en nombre, venait de commencer sa retraite d'Yvré sur Sargé.

Nous croisions une grand'garde de fusiliers marins, établie sur la route à hauteur du château de Feu-Musson, quand tout à coup les sentinelles à l'avancée échangèrent quelques coups de feu avec les vedettes prussiennes. Deux compagnies, les 5e et 6e, débordèrent aussitôt et se déployèrent tandis que le reste du Bataillon se mettait en état d'agir si son aide devenait nécessaire. Mais, il n'en fut rien, les deux compagnies rejoignirent bientôt après avoir malheureusement perdu un caporal et cinq hommes.

IX

On atteignit vers midi le bourg d'Yvré-l'Évêque que les Prussiens commençaient à bombarder. Les obus, dont quelques-uns éclatèrent au milieu même de nos rangs, nous tuèrent un grand nombre d'hommes; mais il fallait tenir quand même car nous avions pour mission spéciale de protéger la retraite de la division.

Nous allions cependant nous diriger sur Le Mans, lorsqu'un cavalier d'un corps d'éclaireurs nous apprit l'entrée en ville par la gare du chemin de fer des cinq cents premiers soldats prussiens : dès lors, toujours sous le feu de l'ennemi, le Bataillon, voyant que la position n'était plus tenable, se rassembla tant bien que mal et, suivant un chemin de traverse qui longeait le cimetière d'Yvré, déboucha bientôt sur la route du Mans à Sargé.

Mais celle-ci était encombrée : les convois, les ambulances, l'artillerie de plusieurs divisions qui, dans une retraite précipitée, se trouvaient mélangées en un désordre inouï, rendaient la marche pour ainsi dire impossible.

An moment où il allait rejoindre le gros de la division de Bretagne, le Bataillon fut coupé en deux à une croisée de routes, par la division Villeneuve (3ᵉ du 21ᵉ corps) ; la tête continua à marcher, la queue, forte d'environ 180 hommes, s'arrêta à Ballon où elle passa la nuit.

Elle en repartit le lendemain 13, au point du jour, et marcha jusqu'à 6 heures du soir pour rejoindre à Beaumont-sur-Sarthe la tête qui y était arrivée elle-même dans l'après-midi.

Le colonel de Pineau ayant alors sa brigade à peu près complète s'avança le soir même jusqu'à Ségrie où nous trouvâmes, dans l'église, un abri contre le froid et la neige.

Le lendemain 14, nous rejoignions enfin à Sillé-le-Guillaume le général Gougeard et le gros de la division, nos hommes, bien cantonnés, touchaient enfin des vivres réguliers pour la première fois depuis le 8 janvier.

X

On crut un instant que, suivant le XVIe et le XVIIe corps, le XXIe recevrait l'ordre de se reformer à Laval, mais cet ordre ne fut pas donné ; en effet, malgré des pertes énormes, nous étions encore, aux yeux du général en chef, plus capables que d'autres troupes de continuer la lutte.

Le dimanche 15, la division quitta Sillé et, malgré la neige qui tombait toujours de plus en plus épaisse, s'avança jusqu'à Mont-Saint-Jean ; le Bataillon commandé d'arrière-garde campa à deux kilomètres en deçà du bourg.

La division reprit sa marche le soir même et, après avoir fait plus de 28 kilomètres par une nuit glaciale et sans la moindre halte réglementaire, atteignit Bais (Mayenne) le 16 à midi. Le Bataillon était alors réduit à moins de 400 hommes.

Le 17, au lieu de continuer sa marche sur Mayenne, la 2ᵉ brigade de la division fut envoyée à Saint-Fraimbault-de-Prières où l'on resta cantonné quelques jours et où de nombreux traînards purent rejoindre. La grand-garde du Bataillon était établie à cheval sur la route de Mayenne à Laval que l'on supposait devoir être attaqué par l'ennemi.

Le 22, la brigade quitta Saint-Fraimbault. Elle fut cantonnée le soir à Lassay où elle reçut des habitants un accueil très empressé. Le 23 elle rejoignait la division à Couterne (Orne) où le général avait l'ordre d'attendre les événements.

XI

Ce n'est que le mercredi 1ᵉʳ février, dans la matinée, que les troupes apprirent la conclusion d'un armistice de vingt et un jours dont la durée expirait le 19 à midi.

La division de Bretagne quitta Couterne pour aller tenir cantonnement à La Ferté-Macé où, après avoir été assez froidement accueillis par la population, nos soldats et surtout nos officiers furent bientôt l'objet des meilleurs traitements.

Le Bataillon contribua pour une large part au service de place établi par les soins du lieutenant-colonel Riffaut, et fournit seul la garde d'honneur du général. Les exercices de chaque jour occupaient la plus grande partie du temps, avec les marches militaires qui avaient lieu deux fois par semaine.

Le 20 février, nouvel armistice de cinq jours. La division se transporta, par la forêt d'Andaine, de La Ferté-Macé à Domfront ; le bataillon fut cantonné à Saint-Front-de-Collières, joli bourg annexé à cette petite ville, jadis place forte de premier rang.

Le 22, la division s'avança de Domfront à Flers. Nous y fûmes d'abord mal accueillis : fatigués par la marche, nos soldats durent attendre pendant plus de trois heures, et sous une pluie torrentielle, que les habitants voulussent bien ouvrir leurs portes. Le lendemain, le général exigea de la municipalité une répartition convenable et régulière des cantonnements, chacun reçut satisfaction.

Les hostilités semblaient devoir reprendre à l'expiration de l'armistice, fixée au dimanche 26 à minuit. Ce jour-là, la division revint à Domfront. Elle marcha le 27 jusqu'à Fougerolles et Saint-Hilaire-du-Harcoüet

(Manche), le 28 jusqu'à Saint-James, et atteignit le
1er mars Antrain (Ille-et-Vilaine) où elle s'établit, espé-
rant encore être appelée à rentrer en ligne. Cependant,
on prévoyait déjà la paix terrible et cruelle que M. Jules
Favre devait signer quelques jours plus tard.

XII

Les préliminaires de paix signés et le licenciement
des troupes ordonné, le Bataillon reçut la mission de
désarmer les mobilisés renvoyés dans leurs foyers.

Ce désarmement fut opéré à Combourg par les 1re et
2e compagnies, sous la direction du lieutenant-colonel
Riffaut.

Le 11 mars, les compagnies restées à Antrain s'avan-
cèrent jusqu'à Pontorson (Manche) puis, passant par
Dol, rejoignirent à Dinan le mardi 14 les deux compagnies revenues de Combourg. Le Bataillon, dont l'effectif était remonté à 623 hommes, se mit alors en route
pour regagner, par étapes, le dépôt du régiment qui,
après avoir été transféré en janvier de Laval à Lan-
derneau, venait de prendre garnison à Brest.

Le 18 mars éclata ! Le Bataillon, faisant séjour à
Saint-Brieuc, fut dirigé le 19 par les voies rapides sur
Versailles où il arriva le 20. Mais, nous ne devions pas
être appelés à combattre pour la cause de l'ordre, et

seule une erreur de transmission avait fait diriger le 19ᶜ là où l'on appelait le 119ᶜ de marche. Le Bataillon quitta Versailles le soir même et rejoignit définitivement le dépôt à Brest, le mercredi 22 mars.

Ici se termine l'historique du Bataillon de Marche du 19ᶜ de ligne. Bien que composé en majeure partie de soldats jeunes et inexpérimentés, instruits à la hâte et combattant pour la première fois, il a toujours su, même dans les plus mauvais jours, hélas trop nombreux, mériter l'estime de ses chefs et s'attirer les éloges les plus flatteurs pour son entrain, sa bonne tenue générale, son esprit d'ordre et son respect de la *Discipline*.

EDGAR SERVANT

Sous-Lieutenant au titre provisoire
au Bataillon de Marche du 19ᶜ de ligne.

BIBLIOGRAPHIE.

Bibliographie

La Guerre franco-allemande de 1870-1871, par la Section Historique du Grand État-Major Prussien (traduction du Capitaine E. Costa de Serda).

Général Chanzy. — *La IIe Armée de la Loire, Campagne de 1870-1871*. In-8°, Paris, Plon et Nourrit, 10e édition, 1893.

Général Gougeard. — *Deuxième Armée de la Loire* (Division de l'Armée de Bretagne). In-8°, Paris, E. Dentu, 1871.

Général Niox. — *La Guerre de 1870*. — Simple Récit. — In-12, Paris, Ch. Delagrave, 1897.

Carte de France au 80.000^e, dite de l'État-Major.

Carte routière du Département de la Sarthe.

www.ingramcontent.com/pod-product-compliance
Ingram Content Group UK Ltd.
Pitfield, Milton Keynes, MK11 3LW, UK
UKHW022345120726
13694UKWH00004B/1680